HONG 红 SE 色 JING 经 DIAN 典

诗文诵读

SHI WEN SONG DU

（三）

——适用于初中——

《红色经典诗文诵读》编委会 编

海峡出版发行集团 | 鹭江出版社
THE STRAITS PUBLISHING & DISTRIBUTING GROUP | LUJIANG PUBLISHING HOUSE

2021年 · 厦门

培根铸魂诵经典（代序）

2021 年是中国共产党成立一百周年。一百年前，从上海石库门到浙江嘉兴南湖红船上点起的星星之火，以燎原之势席卷中华大地。百年光辉历程，百年丰功伟绩，从“红船”到“巨轮”，中国革命的道路是无数先贤英烈用理想与信仰的光芒照亮，用热情与鲜血铺就的。在艰苦卓绝的革命征途中，无数仁人志士为了人民幸福，为了民族复兴，流血牺牲，以身许党，以身许国，留下一篇篇震撼人心的诗文，鼓舞自己，激励后人。

红色诗文里有浩然正气 从李大钊吟诵“赤旗的世界”，到瞿秋白的“赤潮澎湃”，再到方志敏的“我们相信，中国一定有个可赞美的光明前途”，为了一个光明的中国，革命者胸怀峻烈的正义感，对横逆永不屈服，即使头断血流，也义无反顾。他们呼吁国人“持久的艰苦的奋斗，把个人所有的智慧才能，都提供于民族的拯救”。为了让更多的人能得到真正的自由，走向更广阔的世界，一批批革命家前仆后继，艰苦奋斗。这些红色诗篇里燃烧着无限的激情，也闪耀着明澈的光辉。诵读先烈们用生命和鲜血写就的诗文，胸中的革命豪情也会澎湃不已。

红色诗文里有信仰力量 在风雨如晦的年代，一封封写给亲人、友人的“宣誓书”“请战书”“决心书”“明志书”“托孤书”“行军书”“示儿书”“绝笔书”“就义书”，诠释着革命先烈坚贞的爱情、真挚的友情、浓郁的亲情。25岁的共产党员史砚芬在遗书中写道：“我的死，是为着社会、国家和人类，是光荣的，是必要的。我死后，还有我千万同志，他们能踏着我的血迹，奋斗前进。我们的革命事业，必抵于成。”究竟是什么力量使他们愿意为革命事业抛头颅、洒热血？毫无疑义，是信仰的力量，是他们对共产主义事业的崇高信仰，是他们对国家和民族的正义担当。诵读这样的诗文，内心也会油然生出强烈的责任感和使命感。

红色诗文里有革命精神 “红军不怕远征难，万水千山只等闲”“风雨侵衣骨更硬，野菜充饥志越坚”，革命的征途中，无论是红军战士、游击队员、新四军战士还是志愿军战士、戍守边疆的战士们，面对“敌军围困万千重”或者瞬息万变的敌情、险情，依然保有乐观与激情，不怕艰难困苦，坚持战斗，坚守岗位，谱写出一曲曲动人的革命乐章。诵读这样的诗文能够感受共产党人自强不息和乐观的精神，也会被感染，从而充满信心去奋斗。

红色诗文里有赤子情怀 孔繁森二次进藏时说："站在祖国的高原——西藏／为了祖国的每寸土地繁荣昌盛／我愿做雪山上的一盏明灯／把祖国的边疆西藏照亮。"18岁的戍边英雄陈祥榕在战地日记里写下："清澈的爱，只为中国。"英雄儿女的诗文中饱含着对国家的热爱与希冀。"为什么我的眼里常含泪水？因为我对这土地爱得深沉"，这些充满炽热情感的诗篇，承载着中华儿女的光荣与梦想，读来更是令人热血沸腾。

"一只角就是一片朝霞／一面旗就是一部沉甸甸的历史"，经历岁月积淀的诗文不仅是一篇篇让人感怀的经典，也是一幅幅动人的记忆画卷。书中诗文的编选循着中国共产党百年历史足迹，选取那些闪耀着爱国主义、集体主义和理想信念光辉的诗文，期望能够帮助中小学生重温革命传统，坚定理想信念。

作为面向广大青少年的读物，丛书根据不同学段学生的认知能力和欣赏水平分为四册，分别适用于小学低年级、小学中高年级、初中和高中阶段。特别需要说明的是，由于作品授权等方面的问题，有些当代优秀诗人的作品无法入选，敬请读者谅解。同时，根据现代汉语使用规范，以及考虑到学生朗诵时的一些特殊情境，编委会在选编的过程中对个别字、词进行了调整，敬请大家理解。

初心如磐，使命在肩。期待广大青少年通过诵读红色经典诗文，能从中汲取力量，学习革命先辈“牺牲小我，成就大我”的奉献精神，树立报效国家、服务社会的人生目标，涵养深沉的爱国情怀，进而迸发出创新创造的力量！

目录

第三辑　为了胜利的到来

第四辑　激荡的革命岁月

第五辑 喷薄而出的东方旭日

第六辑 新时代的交响曲

第一辑
青年澎湃的心声

光荣啊，中国共青团

胡宏伟

我们是五月的花海，
用青春拥抱时代。
我们是初升的太阳，
用生命点燃未来。
“五四”的火炬，
唤起了民族的觉醒，
壮丽的事业，
激励着我们继往开来。
光荣啊！中国共青团，
光荣啊！中国共青团，
母亲用共产主义为我们命名，
我们开创新的世界。

共青团员之歌

［苏联］阿·伽里契

听吧，战斗的号角发出警报
穿好军装，拿起武器
共青团员们集合起来踏上征途
万众一心保卫国家
我们再见吧，亲爱的妈妈
请你吻别你的儿子吧
再见吧，妈妈
别难过，莫悲伤
祝福我们一路平安吧
再见吧，亲爱的故乡
胜利的星会照耀我们
再见吧，妈妈
别难过，莫悲伤
祝福我们一路平安吧
我们自幼所心爱的一切
宁死也不能让给敌人
共青团员们武装起来踏上征途
万众一心保卫国家
我们再见吧，亲爱的妈妈

请你吻别你的儿子吧
再见吧，妈妈
别难过，莫悲伤
祝福我们一路平安吧
再见吧，亲爱的故乡
胜利的星会照耀我们
再见吧，妈妈
别难过，莫悲伤
祝福我们一路平安吧

国际歌（节选）

［法国］欧仁·鲍狄埃／著 萧 三／译

从来就没有什么救世主，
也不靠神仙皇帝！
要创造人类的幸福，
全靠我们自己！
我们要夺回劳动果实，
让思想冲破牢笼！
快把那炉火烧得通红，
趁热打铁才能成功！

哨兵之歌

黄药眠

我要站在这个山冈，
我要把枪抓得更紧。
我要面向着这条河，
因为那河对面的山下就是敌人！

那河的对岸，
时而闪动着一两点火光，
时而又好像听得见战壕中的人语，
时而又复归于沉寂，
时而又有呼哨之声……
我紧张地守候着敌人的动静，
一直就这样站到夜深。

到了夜深寒风从北方吹来，
河里的水泛起了波涛，
岸边的芦苇好像怒潮般汹涌，
又好像几十匹马在原野奔驰，
又好像敌人已发动了惊人的夜袭，
可是我屹然地守候着敌人的动静。

青春（节选）

李大钊

春日载阳，东风解冻，远从瀛岛，反顾祖邦，肃杀郁塞之象，一变而为清和明媚之象矣；冰雪冱寒之天，一幻而为百卉昭苏之天矣。每更节序，辄动怀思，人事万端，那堪回首，或则幽闺善怨，或则骚客工愁。当兹春雨梨花，重门深掩，诗人憔悴，独倚栏杆之际，登楼四瞩，则见千条垂柳，未半才黄，十里铺青，遥看有色。彼幽闲贞静之青春，携来无限之希望，无限之兴趣，飘然贡其柔丽之姿于吾前途辽远之青年之前，而默许以独享之权利。嗟吾青年可爱之学子乎，彼美之青春，念子之任重而道远也，子之内美而修能也，怜子之劳，爱子之才也，故而经年一度，展其怡和之颜，饯子于长征迈往之途，冀有以慰子之心也。纵子为尽瘁于子之高尚之理想，圣神之使命，远大之事业，艰巨之责任，而夙兴夜寐，不遑启处，亦当于千忙万迫之中，偷隙一盼，霁颜相向，领彼恋子之殷情，赠子之韶华，俾以青年纯洁之躬，饫尝青春之甘美，浃浴青春之恩泽，永续青春之生涯，致我为青春之我，我之家庭为青春之家庭，我之国家为青春之国家，我之民族为青春之民族。斯青春之我，乃不枉于遥遥百千万劫中，为此一大因缘，与此多情多爱之青春，相邂逅于无尽青春中之一部分空间与时间也。

小贴士

李大钊（1889—1927），河北乐亭人，中国共产党主要创始人和早期领导者之一。1927年4月，李大钊英勇就义。

一句话

闻一多

有一句话说出就是祸，
有一句话能点得着火。
别看五千年没有说破，
你猜得透火山的缄默？
说不定是突然着了魔，
突然青天里一个霹雳
爆一声：
“咱们的中国！”
这话教我今天怎么说？
你不信铁树开花也可，
那么有一句话你听着：
等火山忍不住了缄默，
不要发抖，伸舌头，顿脚，
等到青天里一个霹雳
爆一声：
“咱们的中国！”

小贴士

闻一多（1899—1946），湖北浠水人，中国现代伟大爱国主义者，著名诗人、学者。1946年7月15日，在爱国民主人士李公朴先生追悼会上，闻一多做了一次震撼全国的即席演讲，返家途中被国民党特务暗杀。

胜利

邓中夏

那有斩不除的荆棘？
那有打不死的豺虎？
那有推不翻的山岳？
你只须奋斗着，
　猛勇的奋斗着；
持续着，
　永远的持续着。
胜利就是你的了！
胜利就是你的了！

小贴士

邓中夏（1894—1933），湖南宜章人，无产阶级革命家、中国共产党早期工人运动的领导人之一。

溆浦女校校歌

向警予

美哉，庐山之下溆水滨，
我校巍巍耸立当其前。
看呀，现在正是男女平等，
天然的淘汰，触目惊心。
愿我同学做好准备，
为我女界啊大放光明。

小贴士

向警予（1895—1928），湖南溆浦人，中国共产党早期领导人及创始人之一、无产阶级革命家、妇女解放运动领导人。1916年，她怀着“妇女解放”和“教育救国”的抱负，在当地进步人士的支持下，在家乡创办男女合校的溆浦小学堂并担任校长，培养了不少人才。1928年，由于叛徒出卖，她被捕牺牲。

观涛

熊亨瀚

大江东去，
浩荡谁能拒！
吾道终当行九域，
慷慨以身相许。

大孤山下停桡，
小孤山上观涛，
热血也如潮涌，
时时滚滚滔滔。

小贴士

熊亨瀚（1894—1928），湖南桃江人，职业革命家。早年参加过辛亥革命。1926年，加入中国共产党。1928年11月，被捕后就义。

寄语故园

邓　拓

少年投笔复从戎，
不为虚名不为功。
独念万众梯航苦，
欲看九州坦荡同。
梦里关河闻唳鹤，
兵间身世寄飘蓬。
寄语故园双老道，
征蹄南北又西东。

第二辑

我以我血荐轩辕

告少年

陈独秀

太空暗无际，昼见非其形。
众星点缀之，相远难为明。
光形无所丽，虚白不自生。
半日见光彩，我居近日星。
西海生智者，厚生多发明。
摄彼阴阳气，建此不夜城。
局此小宇内，人力终难轻。
吾身诚渺小，傲然长百灵。
食以保躯命，色以延种姓。
逐此以自足，何以异群生。
相役复相斫，事惯无人惊。
伯强今昼出，拍手世上行。
旁行越郡国，势若吞舟鲸。
食人及其类，勋旧一朝烹。
黄金握在手，利剑腰间鸣。
二者唯君择，逆死顺则生。
高踞万民上，万民齐屏营。
有口不得言，伏地传其声。
是非旦暮变，黑白任其情。

云雨翻覆手，信义鸿毛轻。
为恶恐不尽，惑众美其名。
举世附和者，人头而畜鸣。
忍此以终古，人生昼且冥。
古人言性恶，今人言竞争。
强弱判荣辱，自古相吞并。
天道顺自然，人治求均衡。
旷观伊古来，善恶常相倾。
人中有鸾凤，众愚顽不灵。
哲人间出世，吐辞律以诚。
忤众非所忌，坎坷终其生。
千金市骏骨，遗言觉斯民。
善非恶之敌，事倍功半成。
毋轻涓涓水，积之江河盈。
亦有星星火，燎原势竟成。
作歌告少年，努力与天争。

小贴士

陈独秀（1879—1942），安徽怀宁人，新文化运动的倡导者之一，中国共产党主要创始人和早期领导者之一。1915年创办《新青年》杂志，举起了民主与科学的旗帜。

敌人只能……

方志敏

敌人只能砍下我们的头颅，
决不能动摇我们的信仰！
因为我们信仰的主义，
乃是宇宙的真理！

为着共产主义牺牲，
为着苏维埃流血，
那是我们十分情愿的啊！

小贴士

方志敏（1899—1935），江西弋阳人，无产阶级革命家、政治家、军事家，杰出的农民运动领袖。1924年加入中国共产党。1935年1月被捕，后被秘密杀害。

遗诗

赵一曼

誓志为人不为家，
涉江渡海走天涯。
男儿岂有全都好，
女子缘何分外差。
一世忠贞新故国，
满腔热血沃中华。
白山黑水除敌寇，
笑看旌旗红似花。

小贴士

赵一曼（1905—1936），四川宜宾人，著名抗日民族英雄。曾就读于莫斯科中山大学，毕业于黄埔军校六期。1926年加入中国共产党。1936年8月，在与日寇的斗争中被捕就义。

囚歌

叶挺

为人进出的门紧锁着，
为狗爬出的洞敞开着，
一个声音高叫着：
——爬出来吧，给你自由！

我渴望自由，
但我深深地知道——
人的身躯怎能从狗洞子里爬出！

我希望有一天，
地下的烈火，
将我连这活棺材一齐烧掉，
我应该在烈火与热血中得到永生！

小贴士

叶挺（1896—1946），广东惠阳人，著名军事家、政治家，新四军重要领导者之一。1941 年 1 月皖南事变，被国民党扣押入狱。1942 年在狱中写下著名的《囚歌》以明志。

黑牢诗篇（节选）

蔡梦慰

热铁烙在胸脯上，
竹签子钉进每一根指尖，
用凉水来灌鼻孔，
用电流通过全身……
人的意志呀，
在地狱的毒火里熬炼——
像金子一般的亮！
像金子一般的坚！
可以使皮肉烧焦，
可以使筋骨折断；
铁的棍子，
木的杠子，
撬不开紧咬着的嘴唇，
——那是千百个战士的安全线啊！

小贴士

蔡梦慰（1924—1949），四川遂宁人，新闻记者、诗人、革命烈士。1948 年 4 月被捕，囚于重庆渣滓洞集中营。他在狱中坚持写作，用竹签子笔蘸着棉花烧成灰烬调作的墨汁，在香烟纸上写下血泪和仇恨的记录——《黑牢诗篇》。1949 年 11 月在重庆解放前夕牺牲，年仅 25 岁。

刑场宣言

陈铁军

当我们把自己的青春生命献给党的时候，
我们就要举行婚礼了。
让反动派的枪声，
作为我们结婚的礼炮吧！
同志们，永别了，
望你们勇敢地战斗，
共产主义一定会胜利。
未来是属于我们的！

小贴士

陈铁军（1904—1928），原名陈燮君，广东佛山人。1926年加入中国共产党，并将名字改为铁军，誓把一切献给党的革命事业。1927年10月，受党组织的派遣，她装扮周文雍的妻子，并参加了广州起义。起义失败后，因叛徒出卖，与周文雍同时被捕。1928年2月6日，在广州红花岗刑场，两位年轻的共产党人面对敌人的枪口，把反动派的枪声作为结婚的礼炮，从容不迫地举行了刑场上的婚礼，表现了大无畏的英雄气概。

自挽挽联

王步文

是革命家，是教育家，怀如此奇才，生而无愧；

为革命死，为大众死，仗这般大义，死又何妨！

小贴士

王步文（1898—1931），安徽岳西人。1923年加入中国共产党。1931年4月因叛徒出卖被捕，5月31日就义于安庆。

我 要

田波洋

我要放出更强烈的火光，
照破人世间的虚伪和欺诈。
我要锻炼成尖锐的小刀，
刺破人与人之间的隔膜。

致妻赵云霄

陈　觉

谁无父母，
谁无儿女，
谁无情人！
我们正是为了救助全中国人民的父母和妻儿，
所以牺牲了自己的一切。
我们虽然是死了，
但我们的遗志自由未死的同志来完成。

小贴士

陈觉（1903—1928），湖南醴陵人。1925 年加入中国共产党；1927 年 9 月，赵云霄随陈觉到湖南醴陵参加秋收起义。1928 年，由于叛徒告密，他们分别被敌人逮捕，当年 10 月牺牲，时年 25 岁。

第三辑

为了胜利的到来

松花江上

张寒晖

我的家在东北松花江上，
那里有森林、煤矿，
还有那漫山遍野的大豆、高粱。
我的家在东北松花江上，
那里有我的同胞，
还有那衰老的爹娘。
“九一八”，“九一八”！
从那个悲惨的时候，脱离了我的家乡，
抛弃那无尽的宝藏。
流浪！流浪！
整日价在关内，流浪！
哪年哪月，才能够回到我那可爱的故乡？
哪年哪月，才能够收回我那无尽的宝藏？
爹娘啊，爹娘啊，
什么时候，才能欢聚一堂？

小贴士

张寒晖（1902—1946），河北定县人，著名作曲家。他用民歌唤醒民众投身抗战，创作了《松花江上》《国民大生产》《去当兵》等著名歌曲，激励了一代又一代中华儿女，被誉为“人民艺术家”。

假使我们不去打仗

田间

假使我们不去打仗，
敌人用刺刀
杀死了我们，
还要用手指着我们骨头说：
"看，
这是奴隶！"

义勇军

田间

在长白山一带的地方，
中国的高粱
正在血里生长。
大风沙里，
一个义勇军
骑马走过他的家乡，
他回来：
敌人的头，
挂在铁枪上！

雪落在中国的土地上

艾 青

雪落在中国的土地上，
寒冷在封锁着中国呀……

风，
像一个太悲哀了的老妇，
紧紧地跟随着，
伸出寒冷的指爪
拉扯着行人的衣襟，
用着像土地一样古老的话
一刻也不停地絮聒着……

那从林间出现的，
赶着马车的
你中国的农夫，
戴着皮帽
冒着大雪
你要到哪儿去呢？

告诉你
我也是农人的后裔——

由于你们的
刻满了痛苦的皱纹的脸，
我能如此深深地
知道了
生活在草原上的人们的
岁月的艰辛。

而我
也并不比你们快乐啊
——躺在时间的河流上
苦难的浪涛
曾经几次把我吞没又卷起——
流浪与禁监
已失去了我的青春的
最可贵的日子，
我的生命
也像你们的生命
一样的憔悴呀。

雪落在中国的土地上，
寒冷在封锁着中国呀……
沿着雪夜的河流，
一盏小油灯在徐缓地移行，
那破烂的乌篷船里
映着灯光，垂着头，
坐着的是谁呀？

——啊，你
蓬发垢面的少妇，
是不是
你的家
——那幸福与温暖的巢穴——
已被暴戾的敌人
烧毁了吗？
是不是
也像这样的夜间，
失去了男人的保护，
在死亡的恐怖里
你已经受尽敌人刺刀的戏弄？

咳，就在如此寒冷的今夜
无数的
我们的年老的母亲，
都蜷伏在不是自己的家里，
就像异邦人
不知明天的车轮
要滚上怎样的路程……
——而且
中国的路
是如此的崎岖
是如此的泥泞呀。

雪落在中国的土地上，
寒冷在封锁着中国呀……

透过雪夜的草原
那些被烽火所啮啃着的地域，
无数的土地的垦殖者
失去了他们所饲养的家畜
失去了他们肥沃的田地
拥挤在
生活的绝望的污巷里：
饥馑的大地
朝向阴暗的天
伸出乞援的
颤抖着的两臂。

中国的苦痛与灾难
像这雪夜一样广阔而又漫长呀！
雪落在中国的土地上，
寒冷在封锁着中国呀……

中国，
我的在没有灯光的晚上
所写的无力的诗句
能给你些许的温暖吗？

黎明的通知（节选）

艾　青

为了我的祈愿
诗人啊，你起来吧

而且请你告诉他们
说他们所等待的已经要来

说我已踏着露水而来
已借着最后一颗星的照引而来

我从东方来
从汹涌着波涛的海上来

我将带光明给世界
又将带温暖给人类

借你正直人的嘴
请带去我的消息

通知眼睛被渴望所灼痛的人类
和远方的沉浸在苦难里的城市和村庄

请他们来欢迎我——
白日的先驱，光明的使者

打开所有的窗子来欢迎
打开所有的门来欢迎

生活是多么广阔

何其芳

生活是多么广阔，
生活是海洋。
凡是有生活的地方就有快乐和宝藏。

去参加歌咏队，去演戏，
去建设铁路，去做飞行师，
去坐在实验室里，去写诗，
去高山上滑雪，去驾一只船颠簸在波涛上，
去北极探险，去热带搜集植物，
去带一个帐篷在星光下露宿。
去过寻常的日子，
去在平凡的事物中睁大你的眼睛，
去以自己的火点燃旁人的火，
去以心发现心。

生活是多么广阔，
生活又是多么芬芳。
凡是有生活的地方就有快乐和宝藏。

雁翎队

蔡其矫

有人从冀中来，告诉我白洋淀的人民，是怎样用打雁的武器打敌人。现在他们已经组织起来了，以雁翎为记。

白洋淀，我所梦想的地方，
像十一月的天空，美丽而安详。
在那平静的水面，走着无数的小船，
前面威武的船头上，架着打雁的抬枪。

呵！有多少肥美的雁群呀！
密集的雁群，骚扰的雁群，亲爱的雁群，
从湖面飞起，像一张罗网牵过湖面。

这时枪响了，在硝烟里有黑点猝然降落，
于是平底船快快移行，船头激起白的浪花，
那萧瑟的芦叶滴着雁的鲜血。

而今日，人们不再用火药对付雁群了，
因为灾难和战争侵入白洋淀，白洋淀起来反抗。

啊！那触目的汽船，骄傲地在水上行驶，
那蠢笨的日本人，张着眼在苇丛里寻找什么呀！

啊！青年们！快把船划出港汊！
我们生在白洋淀，白洋淀不能受侵略，
在故乡的水面上和敌人决一死战吧！

啊！勇敢的伙伴！快把抬枪扶准，
让波浪作为敌人永久的坟墓，让我们胜利归来，
迎接我们的将是光明的村庄和欢呼的白洋淀！

神　话

杭约赫

在那金色的高原上，
人们在创建自己的天堂：

像块巨大的宝石，
在金河的岸上放光。

老年人嘴边的神话，
不再是荒诞的幻想。

干瘪的土地流了乳汁，
歌声从黑夜响到天亮。

白胡子和黑发一样年青，
拿锄头的也能使用刀枪。

千年的桎梏一齐打碎，
人类在那儿有了新的希望。

千万人心里亮着它的名字，
千万人冒着死生去寻访。

那怕山高路遥、雨狂风暴，
像江河汇流海洋，谁的心不朝向太阳？

苦难的中国，有明天

青 勃

冻结的日子
　有火

月黑夜
　有灯

沙原上
　有骆驼

土地下面
　有种子

堤岸里头
　有激流

鞭子底下
　有咆哮

被污辱的
　有仇恨

穷苦的人
　有骨头

哭泣的天空
　有响雷

打抖的冬天
　有春梦

血汗灌溉的地方
　有不凋的花

苦难的中国
　有明天

西柏坡（二首录一）

田 汉

西柏坡头月正寒，
运筹茅屋土窗间。
不教一敌逃天网，
百万雄师夜入关。

延安枣园

吕亮耕

让我们记起枣园——
记起，记起枣园的夜，
一排窑洞，一盏灯火，
他把天下事指掌谈论。

茶气氤氲。烟圈缭绕。夜深深……
他的手还在军事地图上指点：
千里、万里外战场的捷报雪片飞来，
多少人民从暗夜走向明朗的天！

当红太阳已经照耀天下，
我们心里还挂着这幅图画——
山中的夜。幽静的枣园，灯火灿然。
他和他的战友在灯下凝思，微笑，夜话。

第四辑
激荡的革命岁月

渔家傲·反第一次大“围剿”

毛泽东

万木霜天红烂漫，天兵怒气冲霄汉。
雾满龙冈千嶂暗，齐声唤，前头捉了张辉瓒。

二十万军重入赣，风烟滚滚来天半。
唤起工农千百万，同心干，不周山下红旗乱。

小贴士

1930年12月，蒋介石调集十万兵力，对中央革命根据地发动第一次大“围剿”。红军在毛泽东、朱德指挥下，诱敌深入，粉碎了国民党军队的进攻，中国工农红军第一次反“围剿”取得胜利。

渔家傲·反第二次大“围剿”

毛泽东

白云山头云欲立，白云山下呼声急，枯木朽株齐努力。
枪林逼，飞将军自重霄入。

七百里驱十五日，赣水苍茫闽山碧，横扫千军如卷席。
有人泣，为营步步嗟何及！

小贴士

1931 年 4 月，蒋介石纠集 20 万大军，对中央革命根据地发动了第二次大“围剿”，毛泽东精心设计和部署，亲自指挥中央红军，取得了反第二次大“围剿”胜利，并进一步巩固和扩大了中央革命根据地。

念奴娇·昆仑

毛泽东

横空出世，莽昆仑，阅尽人间春色。
飞起玉龙三百万，搅得周天寒彻。
夏日消溶，江河横溢，人或为鱼鳖。
千秋功罪，谁人曾与评说？

而今我谓昆仑：不要这高，不要这多雪。
安得倚天抽宝剑，把汝裁为三截？
一截遗欧，一截赠美，一截还东国。
太平世界，环球同此凉热。

七律·人民解放军占领南京

毛泽东

钟山风雨起苍黄，
百万雄师过大江。
虎踞龙盘今胜昔，
天翻地覆慨而慷。
宜将剩勇追穷寇，
不可沽名学霸王。
天若有情天亦老，
人间正道是沧桑。

小贴士

1949年4月，人民解放军百万雄师兵分三路，横渡长江，占领南京，结束了国民党在大陆的统治。

为江南死国难者志哀

周恩来

千古奇冤，
江南一叶。
同室操戈，
相煎何急？

小贴士

1941年1月，驻在皖南泾县云岭的新四军军部及其所属的一支部队，共约九千余人，奉命北移，到达茂林一带时，突遭国民党军队七个师、八万余人的包围袭击。因寡不敌众，除突围两千多人外，一部被打散，大部壮烈牺牲或被俘。蒋介石随即宣布取消新四军番号，并下令向江北新四军进攻。这一事件震惊中外，史称“皖南事变”。

出太行

朱　德

一九四零年五月，经洛阳去重庆谈判，中途返延安。是时抗战紧急，内战又起，国人皆忧。

群峰壁立太行头，
天险黄河一望收。
两岸烽烟红似火，
此行当可慰同仇。

赠同袍战友

朱　德

北华收复赖群雄，
猛士如云唱大风。
自信挥戈能退日，
河山依旧战旗红。

梅岭三章

陈　毅

一九三六年冬，梅山被围。余伤病伏丛莽间二十余日，虑不得脱，得诗三首留衣底。旋围解。

一

断头今日意如何？
创业艰难百战多。
此去泉台招旧部，
旌旗十万斩阎罗。

二

南国烽烟正十年，
此头须向国门悬。
后死诸君多努力，
捷报飞来当纸钱。

三

投身革命即为家，
血雨腥风应有涯。
取义成仁今日事，
人间遍种自由花。

忆平型关大捷

聂荣臻

集师上寨运良筹，
敢举烽烟解国忧。
潇潇夜雨洗兵马，
殷殷热血固金瓯。
东渡黄河第一战，
威扫敌倭青史流。
常抚皓首忆旧事，
夜眺燕北几春秋。

回首井冈山

谭　政

巍巍井冈山，
一别五十年。
今日重登临，
处处笑杜鹃。
神州容颜改，
沧桑指顾间。

第五辑

喷薄而出的东方旭日

水调歌头·游泳

毛泽东

才饮长沙水，又食武昌鱼。
万里长江横渡，极目楚天舒。
不管风吹浪打，胜似闲庭信步，今日得宽余。
子在川上曰：逝者如斯夫！

风樯动，龟蛇静，起宏图。
一桥飞架南北，天堑变通途。
更立西江石壁，截断巫山云雨，高峡出平湖。
神女应无恙，当惊世界殊。

小贴士

1954 年，中央人民政府决定修建武汉长江大桥。1956 年，毛泽东巡视南方，视察了大桥的施工并在武汉三次畅游长江，写下了此词。

国庆节（七律二首）

金克木

其一

处处山河似画图，
纷纷点碧又涂朱。
百年大计基先奠，
万里长征道不孤。
深入九幽穷地府，
高攀千仞薄天都。
开颜一笑缘何事？
指日河清出洛书。

其二

凉秋九月试新妆，
翠袖红巾各擅场。
天上花飞惊蛱蝶，
空中乐作舞鸾凰。
雷车低吼扬威远，
雪羽高翔寓意长。
盛事千秋齐俯首，
衣冠万国共称觞。

我们一步步往上升（节选）

臧克家

站在一年时间最后的阶石上，
回头朝着身后望一望，
过来的路子并不坦平，
踏碎阻碍，我们一步一步往上升。

我们一步一步往上升，
对着祖国，满怀骄傲的感情，
样样成就罗列起来，
一个山峰高过一个山峰。

希望鼓足一股劲，
领导我们朝前走，
她的步子迈得很大，
有时还落到现实的后头。

一幅新的图景已经远远在望，
这不是什么海市蜃楼，
它美丽的形象将显现在我们眼前，
像阳春百花一般的灿烂。

小贴士

本诗原载于1953年12月31日《北京日报》。1953年，我国开始实行第一个五年计划。

在云彩上面

雁 翼

我们的工地，在云彩中间，
我们的帐篷，就搭在云彩上面；
上工的时候，我们腾云而下，
下工的时候，我们驾云上天。

白天，我们和云雀一起歌唱，
画眉鸟也从云下飞上山巅；
夜里，我们和星斗一起谈笑，
逗引得月亮也投来笑颜。

当我们过节的时候，
在云上演剧，跳舞；
当我们开庆祝会的时候，
摘下朵朵云霞，挂在英雄的胸前。

当我们饿了的时候，
砍下云上的松枝烧饭；
当我们口渴的时候，
就痛饮云上的清泉。

当炎热的季节到来，
云上的松树给我们撑伞；
当寒冷的冬季来临，
我们砍下云上的松枝，把篝火点燃。

篝火的青烟升入高空，
带着我们的欢笑飞过群山；
它告诉我们亲爱的祖国，
你的儿女战斗在云彩上面。

黄河两岸

冯 至

河两岸高高的山顶上，
残存着一座座的烽火台，
它们传递过多少恐怖消息，
在那些变乱频仍的古代。

河两岸高高的山顶上，
飘扬着勘测队的小红旗，
它们映照在蔚蓝的天空，
预示将来的更多的欢喜。

新秋之歌

林　庚

我多么爱那蓝色的天
那是浸透着阳光的海
年轻的一代需要飞翔
把一切时光变成现在
我仿佛听见原野的风
吹起了一支新的乐章
红色的果实已经发亮
是的，风将要变成翅膀
让一根芦苇也有力量
啊，世界变了多少模样
金色的网织成太阳
银色的网织成月亮
谁织成那蓝色的天
落在我那幼年心上
谁织成那蓝色的网
从摇篮就与人做伴
让生活的大海洋上
一滴露水也来歌唱

夜莺飞去了

闻　捷

夜莺飞去了
带走迷人的歌声
年轻人走了
眼睛传出留恋的心情

夜莺飞向天边
天边有秀丽的白桦林
年轻人翻过天山
那里是金色的石油城

夜莺飞向天空
回头张望另一只夜莺
年轻人爬上油塔
从彩霞中瞭望心上的人

夜莺怀念吐鲁番
这里的葡萄甜，泉水清
年轻人热爱故乡
故乡的姑娘美丽又多情

夜莺还会飞来的
那时候春天第二次降临
年轻人也要回来的
当他成为一个真正矿工

大风雪

闻 捷

大风雪呼啸着来了，
铺天盖地地来了！
大风雪摇撼着帐篷，
也摇撼着牧人的心……

尽管帐篷里熄了灯，
牧人却合不拢眼睛，
双手使劲地揪着衣襟，
耳朵贴在毡壁上倾听——

那狂暴的大风雪啊！
抽打着圈棚里的羊群；
牧人的心都要流血了，
当他听到羊群颤抖的低鸣。

热血在牧人周身奔流，
牧人冲出温暖的帐篷。
顶着劈头压来的大风雪，
攀着圈栏陪伴惊恐的羊群。

虽然须发上吊起冰凌，
风雪灌满了两只袖筒，
牧人想起明年的增产计划，
胸中的篝火就烤化了严冬。

牧人围绕着圈棚巡行，
从深夜直到东方透出黎明，
笑煞那精疲力倦的大风雪，
竟妄想撕破牧人的预售合同！

哦！那摇撼牧人心的——
不是狂暴的大风雪啊！
而是我们勇敢的哈萨克，
对于祖国的无限忠诚。

气象员

——西藏高原航空站见闻

梁　南

牧人们愤怒地叱打着快马，
闪过山脚，慌张地消失在远方；
马蹄后面落下沉重的乌云，
盆地啊，突然被卷进风暴。
只有一棵春天的树挺在那里，
——撕开风暴的闪电，耀眼地
映照出站在盆地里的气象员。
风雪像一件蓑衣披在他身上，
山风掀掉他的皮帽，雷声划过头上，
树脂似的云朵向他滚来，
封锁着他远望的方向。
但他抱着经纬仪，挂着三角架，
爬上高耸的屋顶，
踏着世界屋脊的肩膀，
他威严的视线
驯服着山国的狭谷、河流和牧场！
远山喘一口气，刮起一点儿风，

牧场悄悄掉几丝雨，落几片儿雪花，
都瞒不过气象员锐利的眼光。

夜色从雪山上漏下来染湿草窗，
窗口收发报机前坐着屏气的气象员，
他发出亲切的询问：
乌里有没有大雪？噶尔穆有没有风暴？
邦达有没有积云？夏河有没有阳光？
如果天气坏下来，整个高原的风雪，
都似乎阴湿地全部落在他心上；
当他突然从天气图上找到明天晴朗的迹象，
他仿佛看见阳雀一样跃出积云的太阳，
他仿佛看见航线上流着泉水一样透明的阳光，
他仿佛看见飞机呼叫地拍响翅膀，
向拉萨和日喀则飞去，
连他啊，也觉得正站在航线两旁——
摆着手，望着它们飞向远方！

鸽子塘

林 音

和阗县以西 120 公里有鸽子塘，有一小片绿洲。行人常迷于戈壁沙漠之中，见鸽群飞翔以辨别方向。

沙漠有着海洋的性格，
它有时像月光下的大海寂静无声，
有时像风暴的海洋怒涛飞卷，
这座沙丘顷刻间移到了那边。

在故乡的田野，在北京的晴空，
我曾经看见鸽子带着哨音飞翔，
而在这旷渺无际的大戈壁里，
我又看见了它们飞过我的头顶。

哦，在洁白的阳光下闪动翅膀的鸽子，
也习惯于平静的和风暴的沙漠？
你陪伴着年轻的勘探队员，
度过多少寒冷的夜和酷热的白天！

我所攀登的山脉（节选）

徐　迟

我所攀登的山脉，
在雨雪云雾笼罩下，
一列荒凉不毛的山脉。

看，我所攀登的
是什么样的山脉啊！

山里射出霞光万道，
传说曾使神仙停下云头。
你看山坳里一座小庙，
千年前神仙在此修炼。
现在庙里住着钻机机长，
满山矗立着钻机的三角棚。

看，这神话中的宝山啊！
乌黑的矿石在露天里显现。
这云雾缭绕的一片峭壁
有斑斓的铜绿，红黄的铁锈，
孔雀石的光彩，大理石的围岩。
像丹砂和铅粉，光亮的靛青，

自然的大手笔绘成的壁画。
宝库在这里展览它自己。
看，这真正的宝山啊，
这原生的磁铁之山，
它吸引你走近它，
像磁场导引指南针。

我所攀登的山脉，
钻机的声音轰轰响。
含笑的勘探队队长
取出一幅幅染色的剖面图，
指出图上大块大块的红色，
不是鲜艳的牡丹，是矿脉。

……

我所攀登的山脉，
不再是寂寞无人迹的了。
钻机的声音还在轰轰响，
铁路轨道已经蜿蜒而来，
山风传送着火车的吼叫。

看，我所攀登的
是什么样的山脉啊，
勘探队还没有离开，
工程队已经扎下篷帐。

甘蔗林——青纱帐（节选）

郭小川

南方的甘蔗林哪，南方的甘蔗林！
你为什么这样香甜，又为什么那样严峻？
北方的青纱帐啊，北方的青纱帐！
你为什么那样遥远，又为什么这样亲近？

我们的青纱帐哟，跟甘蔗林一样地布满浓荫，
那随风摆动的长叶啊，也一样地鸣奏嘹亮的琴音；
我们的青纱帐哟，跟甘蔗林一样地脉脉情深，
那载着阳光的露珠啊，也一样地照亮大地的清晨。

肃杀的秋天毕竟过去了，繁华的夏日已经来临，
这香甜的甘蔗林哟，哪还有青纱帐里的艰辛！
时光像泉水一般涌啊，生活像海浪一般推进，
那遥远的青纱帐哟，哪曾有甘蔗林里的芳芬！

我年青时代的战友啊，青纱帐里的亲人！
让我们到甘蔗林集合吧，重新会会昔日的风云；
我战争中的伙伴啊，一起在北方长大的弟兄们！
让我们到青纱帐去吧，喝令时间退回我们的青春。

可记得？我们曾经有过一个伟大的发现：
住在青纱帐里，高粱秸比甘蔗还要香甜；
可记得？我们曾经有过一个大胆的判断：
无论上海或北京，都不如这高粱地更叫人留恋。

……

可记得？在分别时，我们订过这样的方案：
将来，哪里有严重的困难，我们就在哪里见面；
可记得？在胜利时，我们发过这样的誓言：
往后，生活不管甜苦，永远也不忘记昨天和明天。

……

南方的甘蔗林哪，南方的甘蔗林！
你为什么这样香甜，又为什么那样严峻？
北方的青纱帐啊，北方的青纱帐！
你为什么那样遥远，又为什么这样亲近？

厦门风姿（三）

郭小川

上扶梯，登舰艇，我驰进大海的怀抱里，
这又是什么所在呀？一切都如此令人着迷！
爬土坡，攀石岗，我深入层峦耸翠的山区，
这又是什么所在呀？一切都仿佛十分熟悉！

望远镜整日在海上搜索，雷达时时在空中寻觅，
这里的每滴海水，都怀着深深的警惕；
峰岩织满了火网，高山举起了红旗，
这里的每块石头，都流贯着英雄的血液。

紫云中翻飞着银燕，重雾里跳动着轻骑，
这里的每排浪花，都在追踪着敌人的足迹；
观察所日夜不息地工作，海岸炮时时向前方凝视，
这里的每粒黄土，都有着无穷无尽的精力。

海水天天扬起新潮，山头月月长出嫩绿，
这里的每根小草，都深藏着百折不回的意志；
弹坑中伸出了高树，坑道里涌出了泉溪，
这里的每朵野花，都显现着英勇无畏的雄姿。

哦，这不过是南方的一角，却集中了南方的多少生机！
大雁从这里飞过，都要带走万千春天的信息；
哦，这不过是祖国的一地，却凝聚了祖国的多少豪气！
山鹰从这里越过，都要鸣响它那饱含情热的风笛！

这到底是什么所在呀——离厦门城仅有咫尺，
竟有如此的雄风、如此的骇浪、如此的急雨！
这到底是什么所在呀——就是厦门岛的高地，
竟有如此的青天、如此的白云、如此的红日！

啊，令人着迷的大海——我的老战友的新居，
把我收下吧，我的全部身心都将不再远离；
啊，我所熟悉的山区——我们的英雄的故里，
拥抱我吧，我永生永世都将忠诚地捍卫着你。

工业子弟兵

孙友田

我把枪擦了三遍告别了同志，
从兵营来到矿工城，
在前线我领着一连人打了十年仗，
在这里我是个新兵。

戴上矿工帽像戴上钢盔，
“钢盔”上少了一颗红星，
在那红星的位置上，
我插上了一盏发亮的矿灯。

进入了深深的矿井，
看到了金闪闪的煤层。
我举起一块煤向党宣誓：
在地下的战斗里定要建立功勋！

“给我风镐，师傅！”
突突突，向煤层发起冲锋，
嘭！嘭！这一百公尺的地下，
我又听到前面的炮声……

脸上淌着黑亮的汗水，
抱着风镐，露着热腾腾的前胸。
亲爱的祖国啊，您看！
您的工业子弟兵多么豪迈英勇！

火车上

侯钺

火车急驶在轨道上，
新的工地远远在望。
我刚辞别扬子江的波涛，
万里迢迢，来到北方。

火车轻轻地奏出前进的乐曲，
风雪扑打着车窗。
我胸前那几枚闪光的纪念章，
也激动地发出叮当的音响。

纪念章吸引了每双眼睛，
我不由得挺起胸膛。
看吧，同志，没有什么秘密，
成千的建筑工人的都跟我一样！

在无数羡慕的眼光里，
我感到了
在我的肩上
所承担的重量……

骑马挂枪走天下（节选）

张永枚

骑马挂枪走天下，
祖国到处都是家。

我曾在大巴山上种庄稼，
我曾风雨推船下三峡。
蜀山蜀水把我养大，
蜀山蜀水是我的家。

……

我们到珠江边上把营扎，
推船的大哥为我饮战马，
小姑娘为我采荔枝，
阿嫂沏出茉莉茶，
东村西村留我住，
天天道不完知心话。

骑马挂枪走天下，
走到南方啊，
南方就是我的家。

祖国到处有妈妈的爱，
到处有家乡的山水家乡的花，
东西南北千万里，
五湖四海是一家。
我为祖国走天下，
祖国到处都是我的家。

第六辑
新时代的交响曲

一九七八年的春天

李　瑛

当残雪融化，枯草间露出一丝鹅黄，
我听到蓬勃的春天在那里歌唱，
又一阵暴风雪已经过去，
天空射下灿烂的阳光。

无论是九天惊雷，还是春潮汛涨，
都抵不过我们战斗生活的喧响；
听，一粒粒萌生的种子在召唤明天，
千山万水间，呈现出何等繁忙的景象！

一切是这样动人，满含生机，
一切是这样富于理想和力量，
一切是这样无愧于伟大的时代和祖国，
啊，每分每秒，都充满热，都充满光！

序幕已经拉开

杨 牧

一

你说，序幕已经拉开
我说，舞台早被聚光灯覆盖
你说，你将扮演一个最新的角色
我说，我生性不喜爱油彩

但我们都同在舞台上
不管是愿意还是不愿
我们都承受挑剔和评说
无论是应该还是不该

世界原本是无遮无掩
自那场紧张的宫缩之后
我们就被毫不客气地推将出来

二

你说，序幕已经拉开
我说，生活里没有观众
你说，盼了多久多久啊
我说，我从来不知道等待

大汗淋漓是汗腺的呼吸
血沸潮涨是脏器在阖开
土地要受孕，湖海要生育
受禁的宫苑也要怀胎

半坡村人已经落幕
走出青铜、陶罐之后
换鞋的地方，叫作：当代

三

你说，序幕已经拉开
我说，本来就无所谓舞台
你说，莺声已主宰剧场
我说，我仍在为驼铃当差

你向深圳作流线型滑翔
我向天山朔风而迈

B 大调和无声的驼铃
也许都录进同一条磁带

如果这开拓永不落幕
我们就注定下不了台

向开拓者致敬

远 洋

你，开拓者，一个民族的开路先锋，
肩负时代的巨斧和雷电，
和闪着早春寒光的犁铧，
劈开冻云，向板结的土地挑战，
向僵滞的季节挑战，
向藤蔓纠结的藩篱和荆棘封锁的禁区挑战。

你曾喊叫着，行动着，沉默着，
高高竖立起一个开放的雕塑和路牌——

把门打开！
把门开得大些，再大些！
把门框推向两边一直推到开裂！
把陈旧而开裂的门框拆下来！

今天，当你老了，本该卸鞍歇息，
你又从头开始，从零开始，从负数开始——
卸掉历史的包袱，
轻装前进，上路！

为突破瓶颈，穿过夹缝，
冲出长长的幽暗的隧道，
指挥着，调度着，大声疾呼着，
让一切走上新的轨道，
走上电缆和光纤铺设的信息高速公路，
让一切高速并且高效地运转起来！

让一道思想的光芒照亮春天的泥泞，
让波澜壮阔的春潮通过你继续汹涌澎湃地奔流，
你筋肉凸突的臂膊仍然迸泻着汗瀑，
你久久压抑的力量也从中喷发出来——
你以抛弃一切和不怕被一切所抛弃的果敢——
仍然站在了时代的最前列！

边声

曾凡华

边防线上的士兵每每有了烦闷
总爱登上峻嶒的哨塔听听边声
听野鹤嘹呖、松涛流韵
江波叠浪，苇叶弹琴
听雨淞抚慰飘坠的落红
雁阵横贯寥廓的青空
听蛰伏四野的地虫无忧无虑地吟唱
精骛八极的天风有声有色地奏鸣
这旷古而迢远的历史回音
将一丝半缕儿愁绪洗刷得荡然无存
像母亲极富灵性的手
使桀骜驯服、烈马平静
啊，大自然的箴语简直精妙绝伦
使心灵一时倾斜的士兵找到了平衡……

自豪吧，士兵

贺东久

我自豪地当上了一名士兵
每月只有十块钱的薪金
它不够一瓶茅台酒一条大中华
但我富裕　心里缀满了珍珠
十块钱　二百枚五分的硬币
假若这样被购买　那我拒绝应征

我的一滴血　价值连城
我的一滴汗　点石成金
假若从事文学　我可能成为李白
假若从事科学　我可能成为牛顿
即使是厮守田园耕耘播种
也一定会让土地捧出三倍的收成
但当兵是我的夙愿
就像普希金渴求成为诗人

我愿踏着这沉重的战鼓
在洒满鲜血的泥泞中前进
我爱冲锋枪的猩黑　刺刀的霜洁

我爱手榴弹的冲动　爆破筒的沉静
我是世代农民的儿子
不因脚板走惯了山路而追求跋涉长途行军
不因体魄强健而渴求断拼
不因当一名将军改换门庭
不因得几枚勋章炫耀终身
为婴儿的娇甜　我才愿流血
为初恋的红晕　我才愿忍痛
为红花笑得可爱　为秀竹绿得动心
为橄榄林的恬静　为和平鸽的笛音
为炊烟的自由升腾　为车轮的狂热飞奔
啊　我这宽厚的肩膀哟
才愿扛起这所有的不幸

沙

——给一位老地质师

李小雨

一粒沙。
一粒坚硬的沙。
一粒被发黄的岁月掩埋的沙。
沙的旷野上，永远是
枯萎的红柳，
褐色的蜥蜴，
干渴和疲乏；
沙的世界里，永远有
地质包，放大镜，
深陷的皱纹，
闪动的白发。

……日光和月光轮流走过，
在地质师的衣服上留下了
和沙地同样苦涩的碱花。
啊，只有他和茫茫的一片黄沙！
然而快乐是多么简单，
就像装满沙样的地质包，
就像从一个井架跋涉到另一个井架，

就像翻过沙丘的深深的脚印，
带着喜讯，
一步迈出好大……

没有机声，没有欢呼，
没有苇叶的喧哗。
地质棚里，
只有千百次重复的
屏住呼吸的白天和夜晚，
只有千百次重复的
默然无声的双手，
永无休止的地层的变化……
当含油的岩屑又一次地
从他的指间轻快地滑下，
在这一立方毫米的小小的油沙上面，
便诞生了钻塔的生命，
村镇的炊烟和朝霞！

让微笑永远深藏在他的眼中吧，
一粒沙，也有它的祖国，
也有它的感情，
也有默默的
无穷无尽的话……
一粒沙，
就像一颗心，
永远不会风化。

七月一日，中国的早晨

刘双红

我被什么滚烫的泪流所惊醒，
被什么炙热的血流所澎湃？
云雀的叫声像蜂蜜一样进入我的味蕾，
一阵和煦的小风，
像妈妈的手疼爱地拍打我的窗棂，
哦，多么甘甜，多么温暖，
七月一日，这共和国的早晨！
《国际歌》的旋律早已在天空回响。

七月一日，韶山的早晨，
虎歇坪
轰鸣的激荡之中，
遍地英雄扬起健硕臂膀，
立起一望无际的莽莽森林，
莽莽森林啊，
铺开前无古人的画卷，
阵阵林涛
像千万勇士
牵长江傲立高涌的潮头。

七月一日，井冈的早晨，
黄洋界
晶莹的露珠之中，
是槐花的奔放，
桂花的质朴
和玫瑰的华贵，
是丁香花的雅致，
野菊花的淡定
以及栀子花的高洁；
晨鸟的吟诵之中，
动人的颂诗在聚合，
神奇的故事在生长，
美丽的剪影在集合，
灿烂的花环在编织。

七月一日，遵义的早晨，
赤水河
洋溢着骄傲和幸福，
飞瀑间，
是神圣与庄严的交聚——
这闪烁的灵光之中，
有高亢的歌唱在呼啸，
有伟岸的身躯在恣肆，
有苍翠的群星在璀璨，
有矫健的雄鹰在翱翔。

七月一日，延安的早晨，
在宝塔山上，
朝霞是红色的勋章，
犁田人，挥镐者，推车汉
教员，战士，科学家，设计师
太空英雄，商海精英
他们绅士般款款而来。
他们乘着祥云，
是金色的大鹏；
他们挟着东风，
是俯瞰的雄鹰。
他们从窑洞里走来
高举起鲜艳的旗帜
像无敌的骑士
跨上喜马拉雅傲视天下豪杰。

七月一日，中国的早晨，
九百六十万平方公里的土地泛起金色的光晕，
七月一日，中国的早晨，
民族之魂扬眉在镰刀斧头之间，
七月一日，中国的早晨，
世界翘首中华，
翘首炎黄，
翘首长城，
翘首北京，

翘首世界的最极端。
听凭一个天籁之音，
从深邃的九霄徐徐弥漫，
惊愕这个小小寰球——

七月一日，中国的早晨，
阳光，永远是东方巨龙腾飞的轨迹，
阳光，永远是
中南海喷薄的灿烂日出！

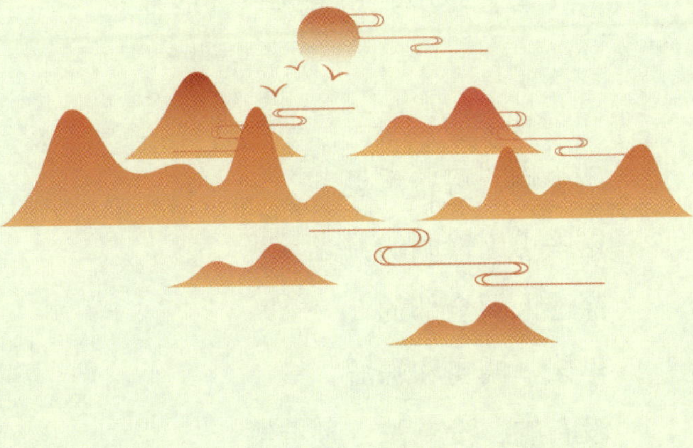

向东方

李　瑛

一

望着浩浩荡荡的长江
望着只能让人想起生命的长江
但毕竟我们有的勇士已经死亡
只留下他们同一声呼喊
“向东方！”
“向东方！”发自副副滚烫的胸腔
“向东方！”在重峦幽谷回荡
征服戈壁瀚海的苍凉
前面便是莺飞草长花香
震颤中国大地的每根神经
三个字，喊出开拓者无畏的形象！

二

历史啊，可曾看见
这些勇士锋利的目光
穿透人间全部的
卑怯、懦弱和恐慌
没有舵，没有桅，没有锚

他们乘一只小艇漂流
却比威武的舰队更雄壮
没有舵，心中有不屈的信念
没有桅，头下有坚强的脊梁
在飞泻江流中
巍然屹立的勇士啊
用牙齿紧咬着狂飙雷阵
强劲的大手挽着脱缰的骇浪
他们迎着风暴狂涛
用干裂的嘴唇和旗一起歌唱
看！这就是真正的生命
真正的生命比大江更久长

三

啊，生活！啊，未来！啊，理想
为了认识你，为了追求你
为了献给你执着的爱和向往
他们用头颅支撑着天空
双脚要踏平风雨的大江
六千里灰褐
六千里浑黄
六千里苍凉的星斗
六千里泼血的霞光……
十三亿颗心已几次死去
十三亿双脚仍紧随他们向前方

四

礁滩，潜流，险涌，恶浪
在搏斗中，人们发现
自己的尊严
在尊严里，人们看见
生命的力量
向东方！东方有潋滟万顷的大海
向东方！东方有喷薄的太阳

迎风挥泪的悲愤的屈子啊
转身回望你的子孙吧
这不正是他们——
一个不屈的民族
从远古走到今天
又从今天走向未来的
形象

中国力量（节选）

梁　平

从汶川流经的岷江哭过，那一天白云黑了，
正在盛开的春天突然窒息在轰然垮塌的山坡上。
整个世界的目光凝聚，凝聚在废墟里折断的呼吸和生还，
凝聚在生命的重新集结，重新燃烧和太阳一样炫目的光芒。
岷江终于停止了哭泣，岷江的水，冲洗了残留的泪痕，
破碎的瓦砾重新站立起来，站成肩膀，站成脊梁。
北川、青川、都江堰的痛，映秀、汉旺、擂鼓镇的伤，
在两个春天大步流星走过之后，漫山遍野的花开了，

那是超越时间和季节的开放。
就在今天，就在此刻，汶川站在鲜花盛开的地方，
告诉玉树，告诉中国，告诉整个世界——
这里的春天不再走失，欣欣向荣已经栽种在心上。
已经过去了，整整两个三百六十五天，
从第一天天崩地裂开始，中南海不灭的灯光点燃满天的星光，
落地成千万里之外十三亿双噙满牵挂的眼睛，
成为黑夜里铺天盖地照亮废墟的希望。
总书记、总理疾驰在第一线上的脚步，带出人民之师、威武之师，
每一个有呼吸、有生命迹象的地方都有迷彩的汪洋，

白衣天使的汪洋，志愿者的汪洋，
那是血脉连接起的长城内外、大江南北，甚至天涯，甚至海角，
每一个肩膀扛起生命的重量。

春天回来了，只有两个三百六十五天，
这里幸存下来的生命，在帐篷、在板房、在废墟的建设工地上，
自力更生，升华了在这里“幸存”下来的全部意义。
在他们身后，世界目睹了一个国家的行动如此浩荡，
东北西北、中南西南，华北华南、沿海沿疆，
中国十八个地方政府办公桌上摆放的灾后重建蓝图，
在废墟上成为现实：新城镇、新交通、新学校、新医院，
那是重放的鲜花，比原来更加鲜艳、美好，
这里每一个人的脸上都是灿烂的阳光。

举世震惊的灾难我们经历了，
举世震惊的奇迹我们创造了，
九百六十万平方公里大地，十三亿臂膀托举起中国力量。
因为这个力量，大西南干涸的土地上聚集甘泉和琼浆，
因为这个力量，刚刚遭遇强级地震的玉树，正在疼痛的高原，
同样有来自中南海的阳光驱散寒冷的日日夜夜，
同样有十三亿人民筑起铁壁铜墙支撑不灭的希望，
国家就是人民的家，生命至高无上。

海上女设计师之梦

刘功业

很想在大海上画一条直线
熨平那些海浪。只借一缕清风
就能带上所有瑰丽的梦，飞到你的面前

很想有一双耕海犁涛的圣手
把万里大海，铺成一块巨大的绘图板
让每一张规划图，都盛开青春、理想和浪漫

很想让所有零乱的思绪在海底结网
连起油管，连起气管，连起那些海底电缆
像一条条高速公路，让每一个区域协调发展

很想在大海里建一座爱情驿站
让冬天成为春天，让风浪弹奏琴弦
让所有的爱海人，把一个爱字，写向永远

张家港听涛

刘双红

必须匍匐在沙滩　寻找
以一块礁石为土壤长大的巨松
必须扯掉衬衫的纽扣　让胸口
与珊瑚抵拥　必须
埋下低贱的头颅
用赤裸的灵魂
用轩辕氏馈赠的体魄
神农氏给予的百草
用黄帝恩赐的
倔强的呼吸　在吴淞口
迎接浩渺的大海
听气吞山河　听笑傲江湖
听伟岸　听柔媚
听一万里激越澎湃
听五千年金戈铁马
在吴淞口　所有的传奇咏颂着
所有的旌旗
所有的飘扬　占领着
所有的高天

地球的每一个角落
汽笛　号角　呐喊
划桨的号子　信号弹的呼啸
神七的轰鸣　雄狮的吼叫
这惊撼世界的共和国大合唱
在张家港汇聚
在尾海头的最宽阔处　我匍匐
我将融入
这激荡的旋律　席卷寰宇的浩然气概

在中国的大地上

由晓光

五谷的芳香　飘荡在中国大地上
肥壮的那个牛羊　奔腾在中国大地上
中国大地上
一声声的唢呐唱出古老的向往
一阵阵的锣鼓道出崭新的酣畅
你看那小麦　大豆　棉花　高粱
装满了谷囤　装满了谷囤粮仓
你看那田埂　鱼塘　果园　牧场
处处是丰收　丰收景象
镰刀和斧头闪光在中国大地上
蓬勃的那个太阳升腾在中国大地上

茁壮的希望　生长在中国大地上
春天的那个祝愿　回旋在中国大地上
中国大地上
一片片的笑语萦绕农家的小院
一曲曲的欢歌飞出牧人的胸膛
你看那北国　南疆　龙灯　秧歌
人人都喜气　人人都喜气洋洋

你看那山寨　渔村　土楼　毡房
处处走向　走向希望
镰刀和斧头闪光在中国大地上
蓬勃的那个太阳升腾在中国大地上

图书在版编目（CIP）数据

红色经典诗文诵读．三／《红色经典诗文诵读》编委会编．—厦门：鹭江出版社，2021.5（2021.6 重印）

ISBN 978-7-5459-1884-7

Ⅰ．①红… Ⅱ．①红… Ⅲ．①革命传统教育—中国—青少年读物 Ⅳ．①D642-49

中国版本图书馆 CIP 数据核字（2021）第 084920 号

红色经典诗文诵读（三）

《红色经典诗文诵读》编委会　编

出　　版：鹭江出版社
地　　址：厦门市湖明路 22 号　　邮政编码：361004
发　　行：福建新华发行（集团）有限责任公司
印　　刷：福州凯达印务有限公司
地　　址：福州市仓山区建新镇红江路 2 号金山工业集中区浦上工业区 B 区 47 号楼　　联系电话：0591-63188556
开　　本：700mm×1000mm　1/16
印　　张：7
字　　数：64 千字
版　　次：2021 年 5 月第 1 版　2021 年 6 月第 2 次印刷
书　　号：ISBN 978-7-5459-1884-7
定　　价：24.00 元

如发现印装质量问题，请寄承印厂调换。